El oSo Y eL ZoRRo

FÁBULAS ZERI
"Para nunca dejar de soñar"

The BeAR And The FoX

ZERI FABLES
"To never stop dreaming"

GuNTeR PauLi

Autor y diseñador del sistema pedagógico:
Gunter Pauli

Fábula inspirada en:
Abdul Salam Al-Majali

Comité editorial:
Presbítero Porfirio Lopera Gil
Padre Leopoldo Peláez Arbeláez
Monseñor Ignacio Gómez Aristizábal
Monseñor Héctor Fabio Henao
Jaime Betancur Cuartas
Luis Carlos Muñoz Franco
María Rosalía Torres Rubiano
Eduardo Aldana Valdés
Francisco Ochoa Palacios
Juan Daniel Galán Sarmiento
Richard Aufdereggen Ritz
Héctor Manuel Jaimes Durán
Silvia Montealegre de Gutiérrez

Dirección editorial:
Alberto Palomino Torres

Edición:
Carolina Salamanca Díaz

Traducción:
Darío Andrés Leal Cortés
Melissa Laverde Ramírez

Revisión de estilo:
Constanza Moya Álvarez
Lynne Carter, Ph. D
James F. McMillan

Diseño y diagramación:
Sandra Palomino Aguirre
Pamela Salazar Ocampo

Ilustración:
Pamela Salazar Ocampo
en colaboración con:
Carolina Salazar Ocampo

Ilustración de inspiradores:
Fabián Perdomo Delgado

Complementos:
Victoria E. Rodríguez Gómez

© 2006, ZERI:
e-mail: info@zeri.org
Página web: www.zeri.org

Editores:
Fundación Hogares Juveniles Campesinos
Carretera Central del Norte km 18 Bogotá, D.C, Colombia
Tels.: (571) 6761666, 3481690/91/92 Fax: (571) 6761185
e-mail: fundacion@hogaresjuvenilescampesinos.org
Página web: www.hogaresjuvenilescampesinos.org

Sociedad de San Pablo
Carrera 46 No.22A - 90
Tels.: (571) 3682099 Fax: 2444383
e-mail: editorial@sanpablo.com.co
Página web: www.sanpablo.com.co
Bogotá, D.C, Colombia

ISBN *El oso y el zorro:* **958-692-840-3**

1a. edición 2006
Queda hecho el depósito legal según ley 44 de 1993 y Decreto 460 de 1995

Todos los derechos reservados. Ninguna parte de este libro puede ser usada o reproducida de alguna manera sin la autorización previa de sus autores.

Este producto editorial ha sido posible gracias a la especial colaboración de la Universidad Autónoma de Manizales y del PNUD Colombia (Programa de las Naciones Unidas para el Desarrollo).

Taller San Pablo - Bogotá
Impreso en Colombia - Printed in Colombia

COntENIdO

El oso y el zorro 4

¿Sabías que 22

Piensa sobre 25

¡Hazlo tú mismo! 26

Conocimiento
Académico 27

Inteligencia
Emocional 28

Artes 28

Sistemas: Haciendo
Conexiones 30

Capacidad de
Implementación 30

Esta fábula está
inspirada en 32

COntEnT

The Bear and
the Fox 4

Did you know that ... 22

Think about it 25

Do it yourself! 26

Academic
Knowledge 27

Emotional
Intelligence 29

Arts 29

Systems: Making
the Connections 31

Capacity to
Implement 31

This fable is
inspired by 33

Un gran oso arrastra su presa entre los árboles. Mientras se prepara para comerla, un zorro se acerca. El zorro está muy hambriento, pero sabe que nunca podrá robarse el gran pez. Así que tiene que buscar otra forma de distraer al oso.

A big bear is dragging his catch into the woods. While he is getting ready for his meal, a fox comes by. The fox is very hungry but knows that he can never steal the big fish away. So he must find another way to distract the attention of the bear.

Un gran oso arrastra su presa entre los árboles...

A big bear is dragging his catch into the woods...

¡Hola, mi querido amigo!

Hello my dear friend!

—Hola, mi querido amigo —dice el zorro amablemente, acercándose sigilosamente al oso.

"Hello my dear friend," says the fox charmingly, carefully approaching the bear.

—Roaaar —responde el oso, mirando su gran pez.

"Roaaar," responds the bear looking at his big fish.

¡Roaaar!

Roaaar!

Hay muchas regiones del mundo donde serías acusado de robo...

There are many areas in the world where you would be accused of theft...

—¿Sabías que en algunas culturas alrededor del mundo, eres un ladrón cuando tienes más de lo que necesitas? —dice el zorro.

—¡Absurdo! —gruñe el oso—. Tú robas cuando tomas lo que no te pertenece.

—Oh no, hay muchas regiones del mundo donde serías acusado de robo, si tienes más de lo que puedes comer.

—Conozco tu astucia, zorro. Estás tratando de tomar algo de mi delicioso almuerzo.

"Did you know that in some cultures around the world you are a thief when you have more than you need?" says the fox.

"Nonsense," growls the bear. "You steal when you take what does not belong to you."

"Oh no, there are many areas in the world where you would be accused of theft if you have more than you can ever eat yourself."

"I know you are clever, smart fox, and you are trying to get some of my tasty lunch."

—Pero mírate, estás gordo, muy gordo en realidad, y nunca podrás comerte todo ese pez.

—No estoy gordo; me estoy preparando para el invierno. Hibernaré algunos meses y necesito tener reservas de energía. Así que no estoy robando, ni siquiera desde tu punto de vista.

"But look at you, you are fat, very fat in fact, and you can never deal with all that meat."

"I am not fat, I am getting ready for the winter. I will hibernate for months and I need to have a good reserve of energy. So I am not stealing, not even according to your view."

Hibernaré algunos meses...

I will hibernate for months...

Últimamente hay muchos cazadores en los alrededores.

There are so many hunters around lately.

—Bueno, ¿sabías que en una religión como el islam deberías destinar un porcentaje de tus bienes a los pobres, hambrientos y necesitados para llegar al cielo?

—¿Cielo? Yo soy feliz si puedo sobrevivir en la Tierra. Últimamente hay muchos cazadores en los alrededores y mi piel puede ser vendida antes de que me dé cuenta —gruñe el oso.

"Well, did you know that in a religion as Islam you should give a percentage of your income to the poor, hungry, and needy in order to get to heaven?"

"Heaven? I am happy if I can survive on Earth. There are so many hunters around lately and my skin may have already been sold without me even knowing it," growls the bear.

—Sí, pero debe haber un cielo para osos.

—¿Hay uno para zorros?

—Claro que sí; siempre hay un cielo, si tú crees en él.

"Yes, but there must be heaven for bears."

"Is there one for foxes?"

"Of course there is one for foxes. There is always heaven if you believe in it."

¡Siempre hay un cielo, si tú crees en él!

There is always heaven if you believe in it!

Mira mi cuerpo, mi piel, mis huesos...

Look at my body, skin and bones...

—¿Y tú robas?

—¿Yo? ¡Nunca! Mira mi cuerpo, mi piel, mis huesos, nada de excesos.

"And do you steal?"

"Me? Never! Look at my body, skin and bones, nothing in excess."

—¿Y tú haces algo por los pobres? —pregunta el oso.

—Claro. Cada vez que hay una oveja que pierde a su madre, yo la ayudo a que llegue pronto al cielo.

—¿No es eso asesinato? —exclama el oso.

... ¡Y ESTE ES SÓLO EL COMIENZO! ...

"And do you do something for the poor?" asks the bear.

"Of course, whenever there is a lamb that lost its' mom, I help it to get to heaven fast."

"Isn't that murder?" shouts the bear.

... AND IT HAS ONLY JUST BEGUN! ...

... ¡y este es sólo el comienzo! ...

... and it has only just begun! ...

¿Sabías que... Did you know that...

El oso negro americano pesa menos de 200 kg y se encuentra en Norteamérica? Es vegetariano e insectívoro; está bien adaptado a los bosques y es un buen trepador de árboles.

The American black bear weighs less than 200 kg. and is found in North America? They are vegetarians and insectivores. They are well adapted to living in forests and are good at climbing trees.

El oso de anteojos está en vía de extinción? Vive en Argentina, Bolivia, Colombia, Ecuador, Perú y Venezuela. Es vegetariano, come cocos, cactus y, en algunos casos, animales invertebrados. Mide entre 100 y 180 centímetros. Los machos pueden superar los 100 kg de peso.

The Bespectacled bear is an endangered species? It lives in Argentina, Bolivia, Colombia, Ecuador, Peru, and Venezuela. It is a vegetarian, eats coconut and, in some cases, invertebrate animals. It is between 100 and 180 cm tall. The males can weigh over 100 kg.

El oso panda gigante vive en China occidental y en las montañas cerca al Tibet? Es de color blanco, con patas y orejas negras, y manchas que rodean sus ojos. Es herbívoro y su alimento favorito es el bambú. Su sexto dedo le permite deshojar los tallos de esta planta. Está en peligro de extinción, porque los bosques de bambú son destruidos.

The Giant Panda bear lives in west China and in the mountains near Tibet? It is white, with black feet and ears, and black markings that surround its eye sockets. It is an herbivore, whose favorite food is bamboo. His sixth toe allows him to take leaves off the bamboo. Panda bears are an endangered species, because bamboo forests are being destroyed.

El oso polar es el mayor de los osos? Los machos pesan entre 300 y 800 kg y las hembras entre 150 y 300 kg. Está adaptado para vivir en la nieve. Vive en Canadá, Groelandia, Noruega y Rusia. El oso polar es carnívoro, se alimenta de peces, focas, huevos de aves, crías de morsa y de carroña.

The Polar bear is the largest of the bears? Males weigh between 300 and 800 kg. and females between 150 and 300 kg. They are adapted to live in snowy climates. Polar bears live in Canada, Greenland, Norway, and Russia. Polar bears are carnivores; they feed on everything from fish and seals, to bird's eggs, young walrus, and even carrion.

El zorro tiene cinco dedos en cada pata delantera y cuatro en cada pata trasera? Tiene uñas no retráctiles, o sea que no puede ocultarlas. Tiene pocas glándulas sudoríparas en la piel y la regulación de la temperatura la realiza jadeando. El zorro macho ladra y la hembra chilla, y pueden oír 15 veces más que los humanos.

Foxes have five digits on each front foot and four in each rear foot? Foxes have nonretractile claws which means they can't hide them. Foxes have few sweat glands in their skin and temperature regulation is by panting. Male foxes bark and females shriek. Foxes can hear 15 times better than humans.

Los zorros árticos no hibernan, pues permanecen activos todo el año? Se alimentan de carroña de ballenas, de las presas abandonadas de los osos polares, y de focas jóvenes. Sus orejas son cortas para limitar la pérdida de calor desde la cabeza.

Arctic foxes don't hibernate, they are active the whole year? They feed on whale carrion, the abandoned prey of polar bears, and on young seals. Arctic fox ears are short to limit loss of the heat from their heads.

Piensa sobre... Think about it...

¿Crees que el oso sospechó que el zorro trataba de distraerlo?

Do you think the bear suspected that the fox was trying to distract him?

¿Te parecería bien si el zorro hubiera engañado al oso?

Do you think it would have been good if the fox fooled the bear?

¿Cómo defines el robo? ¿Qué significa para ti?

How do you define theft? What does it mean to you?

¡Hazlo tú mismo! Do it yourself!

Niños menores:

Mira a tu alrededor y concluye: ¿Qué cosas son indispensables en tu vida para sobrevivir?

¿Qué objetos tienes que no son indispensables, pero que te sirven para mejorar tu calidad de vida?

Niños mayores:

Investiga las semejanzas y las diferencias entre la religión musulmana y la católica, en lo que se refiere a compartir con los pobres.

Comparte con tus amigos lo que encontraste y lo que piensas de estas diferencias y de la idea de compartir con los pobres.

Younger children:

Look around you and decide: Which things are essential in your life to survive?

What objects do you have that are expendable, but they help to improve your quality of life?

Older Children:

You are going to research the similarities and differences between the Muslim religion and the Catholic religion regarding sharing with the poor.

Share with your friends what you found and what you think about these differences and the idea of sharing with the poor.

Conocimiento Académico

BIOLOGÍA	(1) Hibernación. (2) Cómo los sistemas naturales crean amortiguadores. (3) El hábitat del zorro y del oso.
QUÍMICA	(1) Cómo quemar grasa convirtiéndola en proteína sin generar desperdicios.
ECONOMÍA	(1) El papel de las donaciones en la reducción de la pobreza. (2) El papel de las ONG y los voluntarios con respecto a temas sociales críticos. (3) La importancia del *de-marketing*, a través de la comunicación con los consumidores para reducir el consumo.
ÉTICA	(1) ¿Cuál es la definición de robo? ¿Tener demasiado también puede ser considerado como robo? (2) La obligación de los ricos de ayudar a los pobres.
HISTORIA	La fábula del zorro a lo largo de la historia.
GEOGRAFÍA	¿Dónde es el islam la religión dominante?
ESTILO DE VIDA	¿Qué es el Ramadán? ¿Qué tan importante es ayunar y qué tan frecuentemente puede hacerse?
SOCIOLOGÍA	¿Cómo definimos lo bueno y lo malo con base en el contexto religioso y cultural en el que vivimos?
PSICOLOGÍA	¿Cómo definimos nuestra moral individual si la sociedad nos impone estándares diferentes a los nuestros?
SISTEMAS	La humanidad vive en un mundo de biodiversidad, asimismo se caracteriza por la diversidad cultural y religiosa.

Academic Knowledge

BIOLOGY	(1) Hibernation. (2) How natural systems create buffers. (3) The habitats of foxes and bears.
CHEMISTRY	How to burn fat by converting fat into protein without generating waste.
ECONOMICS	(1) The role of donations in reducing poverty. (2) The role of NGOs and volunteers in addressing critical social issues. (3) The importance of de-marketing, communicating with consumers to reduce consumption.
ETHICS	(1) What is the definition of stealing? Can having too much also be considered stealing? (2) The obligation for the rich to assist the poor.
HISTORY	The fable of the fox throughout history.
GEOGRAPHY	Where is Islam the leading religion?
LIFE STYLE	What is Ramadan? How important is it to fast and how frequently?
SOCIOLOGY	How do we define good and bad based on the cultural and religious context in which we live?
PSYCHOLOGY	How do we define our individual morality, if society imposes standards that are different from our own?
SYSTEMS	Humanity lives in a world of biodiversity and is characterized by cultural and religious diversity as well.

Inteligencia Emocional

OSO

El oso es muy consciente de las intenciones astutas del zorro. Él entiende la lógica del zorro y la meta a la que quiere llegar. El oso muestra lógica en sus respuestas, explicando cuidadosamente cada punto. El oso demuestra autoestima, conociendo sus límites, al referirse a la vida en la Tierra, donde hoy está más amenazado por los cazadores que por cualquier otra cosa. El oso reconoce las tácticas del zorro y logra eludir su trampa de una manera sorprendentemente fácil. El zorro está muy motivado y preparado para usar cualquier truco que se le ocurra para lograr su objetivo de hacer que el oso comparta su comida, pero el oso ha estado observando cuidadosamente lo que dice el zorro e invierte la conversación al preguntar "¿hay un cielo para zorros?". La lluvia de preguntas que siguen desenmascara la verdadera intención del zorro. Las preguntas evolucionan de tal manera que la fábula termina con la pérdida de empatía hacia el zorro.

ZORRO

El zorro es conocido en muchas fábulas como astuto e inteligente, pues obtiene lo que quiere con trucos e ingenio. La fábula demuestra la inteligencia del zorro, principalmente cuando pregunta al oso sobre su presa, aparentemente demostrando respeto. El zorro es muy autoconsciente, pero no es capaz de desestabilizar al oso. El zorro sabe que el oso podría simplemente ignorarlo y por lo tanto hace una serie de preguntas que le dan información. No obstante, el zorro cae en la trampa que él mismo puso, ya que la lógica que intentó proyectar hacia el oso es también apropiada para él. El zorro demuestra un poderoso autocontrol al enfrentar al oso, en una especie de confrontación, la cual normalmente generaría miedo, pero se abstiene de mostrar cualquier tipo de ansiedad frente a esa situación potencialmente peligrosa, incluso, se ve en una situación incómoda, cuando se le pide ("¿y tú haces algo por los pobres?") que explique cómo contribuye él a los necesitados. El zorro admite sus verdaderos sentimientos e intenciones, los cuales no son un reflejo de un individuo amable y generoso, sino más bien de alguien que intenta usar los estándares éticos y morales de otros para su propia ventaja.

Artes

La religión siempre ha sido una inspiración importante para el arte, desde la pintura hasta la escultura, la arquitectura y los gráficos. Hay muchos símbolos utilizados por diferentes religiones. Crea un *collage* con los símbolos usados por las diferentes religiones que conoces. Trata de reunir por lo menos diez símbolos.

Emotional Intelligence

BEAR

The bear is very aware of the shrewd intentions of the fox. He understands the logic of the fox and the goal he wants to reach. The bear shows logic in his answers, carefully explaining each point. The bear shows self-esteem, recognizing his limits, when referring to life on Earth where he is more endangered by hunters these days then by anything else. The bear recognizes the tactics of the fox and manages to avoid the trap set by the fox in a surprisingly easy manner. The fox is very motivated and is prepared to use whatever trick he can think of to achieve his goal of having the bear share his food. But the bear has been carefully observing what the fox was saying and reverses the conversation by asking the question "is there a heaven for foxes?" The cascade of questions that follow unmask the true intent of the fox. The questions evolve in such a way that the fable ends in the demise of empathy for the fox.

FOX

The fox is known from many fables as shrewd and smart—getting his way by trickery and ingenuity. The fable demonstrates the fox's cleverness, mainly questioning the bear about his catch, apparently showing respect. The fox is very self-aware, but is unable to bring the bear out of balance. The fox knows that the bear could simply neglect him and therefore engages through a series of questions that provide information. The fox, though, falls in the trap he dug himself, since the logic he tried to project on the bear is also appropriate for him. The fox demonstrates masterful self-control in facing the bear as such a confrontation would normally generate fear, but he refrains from revealing any anxiety of the potentially dangerous situation. The fox is even put in an embarrassing situation when asked ("And do you do something for the poor?") to explain how he contributes to the needy. The fox admits his true feeling and intentions, which are not a reflection of a kind and generous individual, but rather that of someone who tries to use the ethical and moral standards of others to their own advantage.

Arts

Religion has always been an important inspiration for art, from paintings to sculptures, to architecture and graphics. There are many symbols used in different religions. Make a collage with the symbols used by the different religions that you know. Try to collect at least ten symbols.

Sistemas: Haciendo Conexiones

La ciencia es una aproximación a la realidad. Pero la manera en la que juzgamos lo que pasa en el mundo es más bien el resultado del modo en que nuestro marco ético y moral ha formado nuestro pensamiento y nos guía a conclusiones que son congruentes con nuestros valores y creencias dominantes. Para unos, robar es llevarse lo que no es tuyo, y para otros, es tener más de lo que tú y tus hermanos necesitan para suplir las necesidades diarias. No es un tema de discusión quién tiene la razón y quién no, lo importante es entender que el mismo hecho puede ser considerado desde diferentes perspectivas. Las acciones requeridas para aliviar el sufrimiento de los necesitados pueden ser voluntarias para uno, pero obligatorias para otro, dependiendo de las creencias dominantes a las cuales se adhieren.

Los humanos reformamos constantemente esos marcos morales y éticos a los que nos adherimos. Tan pronto entramos a un mundo de comunicaciones globales y principios unificados, como los mencionados en la *Declaración de los Derechos Humanos* de la ONU, debemos entender que hay muchas perspectivas y mostrar respeto hacia los diferentes acercamientos a lo que, de hecho, son realidades similares. De la misma forma en que debemos permanecer abiertos y comprensibles, también debemos permanecer firmes en los principios comunes de respeto por la vida en la Tierra, tanto por la vida humana como por la de otros seres.

Capacidad de Implementación

Organiza una mesa redonda con tus amigos y tu familia y pregunta sobre la definición de robo: ¿es correcto considerar como ladrón a alguien que tiene más de lo que necesita para sí mismo y para su familia? Y luego pregunta si haces las cosas bien y si tienes más de lo que necesitas. Si es así, ¿deberías estar obligado a dar a los necesitados, o deberías ser libre de hacer lo que quieras, incluyendo no hacer nada?

Systems: Making the Connections

Science is an approximation of reality. But the way we judge what happens in the world is more a result of the way our moral and ethical framework has shaped our thinking and is guiding us to conclusions that are in line with our overarching beliefs and values. Stealing for some is taking away what is not yours, and stealing for others is having more than you and your siblings need in order to supply your daily needs. It is not a matter of debating who is right or wrong, it is important to understand that the same fact can be considered from different perspectives. The actions that are needed to alleviate the suffering of the needy can be voluntary in one and obligatory for another, depending on the overarching beliefs to which you adhere.

Humans are constantly reshaping the moral and ethical frameworks to which they adhere to. As we enter a world with global communications and unified principles, such as those outlined in the UN Declaration of Human Rights, we need to realize that there are many perspectives and show respect for different approaches to what are actually similar realities. As we remain open and welcoming, we must also stand firm on the common principles of respect for life on Earth— both human and other.

Capacity to Implement

Organize a discussion with friends and family and ask about the definition of stealing: is it correct to consider that someone who has more than he needs for himself and his family is a thief? And then ask if you are well-to-do and have more than you need. If you do, should you be obliged to give to the needy, or should you be free to do whatever you feel like, including doing nothing?

Esta fábula está inspirada en
Abdul Salam Al-Majali

Obtuvo su título en medicina en la Universidad de Siria. Recibió un diploma en laringología y otología del Colegio Real de Cirujanos y Médicos en Londres. El Dr. Majali hace parte de la junta directiva de la Academia de Ciencias del Tercer Mundo y es fundador de la Académia Islámica de Ciencias.

Ocupó muchos cargos prominentes a nivel nacional e internacional: Ministro de Salud; Presidente de la Universidad de Jordania (1971-1976 y 1980-1989), Ministro de Educación, Primer Ministro y Ministro de Defensa y Asuntos Exteriores (1993-1995), Primer Ministro y Ministro de Defensa (1997-1998).

El Dr. Majali fundó el Colegio de Enfermería, el Centro de Formación Médica, el Servicio Real de Personal Médico y la ciudad médica Al-Hussein en Jordania. Fue uno de los impulsadores de la Academia Internacional de Liderazgo de la Universidad de las Naciones Unidas en Aman.

El Dr. Majali tiene numerosas afiliaciones con asociaciones profesionales como miembro de la Asociación Jordana de Cirujanos, miembro de la Junta Directiva Jordana de Educación, miembro y presidente del Consejo Universitario de la Universidad de las Naciones Unidas en Tokio (1977-1982), miembro del Comité Consultor de Ciencia y Tecnología en Naciones Unidas, miembro del Consejo Internacional en 1996, presidente de la Junta Directiva de la Universidad Jordana y presidente de la Académica Islámica de Ciencia.

Fue premiado con muchas distinciones, como por ejemplo la Medalla de la Independencia Jordana, Grados 1 y 2, la Medalla de Estrella Jordana, Grados 1 y 2, Medalla de San Juan de Jerusalén y Medalla de Largos y Leales Servicios para las Fuerzas Armadas Jordanas.

WEB
* www.ias-worldwide.org/people.html
Islamic Academy of Sciences